MÉMOIRE

SUR LES

GENRES LEPTŒNA ET THECIDEA

DES TERRAINS JURASSIQUES DU CALVADOS;

PAR

M. Eugène EUDES-DESLONGCHAMPS.

(Extrait du IXe. volume des Mémoires de la Société Linnéenne de Normandie.)

CAEN,
TYP. DE A. HARDEL, IMPRIMEUR-LIBRAIRE,
RUE FROIDE, 2.

1853.

MÉMOIRE

SUR LES

GENRES LEPTŒNA ET THECIDEA

DES TERRAINS JURASSIQUES DU CALVADOS;

PAR

M. Eugène EUDES-DESLONGCHAMPS.

(Extrait du IXe. volume des Mémoires de la Société Linnéenne de Normandie.)

CAEN,
TYP. DE A. HARDEL, IMPRIMEUR-LIBRAIRE,
RUE FROIDE, 2.

1853.

MÉMOIRE

SUR LES

GENRES LEPTŒNA ET THECIDEA

Des Terrains Jurassiques du Calvados.

REMARQUES PRÉLIMINAIRES.

Parmi les grandes familles de mollusques, il n'y en a peut-être pas de plus intéressante que celle des Brachiopodes; elle a des représentants depuis les terrains les plus anciens jusqu'aux plus récents; elle ne fait pas défaut dans les mers actuelles.

Depuis quelques années surtout, cette famille a été l'objet de nombreux travaux, de recherches opiniâtres, de déterminations génériques et spécifiques, et pourtant les paléontologistes sont encore loin d'être d'accord sur les genres et les espèces de cette famille. En effet, de l'aveu de tous les naturalistes qui ont fait des Brachiopodes l'objet de leurs études, il n'est pas de famille qui présente plus de difficultés pour la délimitation des genres et surtout des espèces. Pour peu qu'on ait vu ou recueilli quelques centaines de ces coquilles, on est effrayé des innombrables variations de forme et de taille qu'elles présentent, non moins que des nuances insensibles qui les lient entre elles; et, comme si ce n'était assez, elles subissent très-souvent des déformations accidentelles, résultats de pression ou d'autres causes qui rendent leurs caractères presque méconnaissables; l'on comprend alors combien il est difficile que les descripteurs s'entendent.

Des découvertes récentes sont venues en outre modifier les limites qu'on avait assignées à certains genres dans l'échelle stratigraphique des terrains (1).

L'on s'étonnera, et avec raison sans doute, qu'un jeune homme qui débute dans la carrière des sciences et qui n'a pas acquis, par un long exercice, l'habitude qu'exige ces sortes de recherches, ose entreprendre un travail descriptif sur ce qu'il y a peut-être de plus épineux parmi les Brachiopodes qui sont eux-mêmes l'échec et le désespoir des descripteurs : je confesse ma témérité, voici mon excuse :

J'ai grandi et vécu, pour ainsi dire, parmi les fossiles; dès l'enfance, j'accompagnais souvent mon père dans les excursions qu'il faisait à leur recherche, et j'ai été plusieurs fois assez heureux pour trouver des choses nouvelles que mon père a fait connaître. Plus tard, désirant parcourir la carrière des sciences, la recherche des fossiles est devenue pour moi une passion, et j'ai cherché en même temps à m'initier à la science géologique, en étudiant sur place nos terrains du Calvados et leurs superpositions; j'ai acquis ainsi, par l'exercice, une assez grande connaissance pratique des fossiles à laquelle j'espère ajouter, si mes efforts ne sont pas vains, des connaissances théoriques solides dans les sciences zoologiques.

J'aurais hésité cependant; mais la découverte que j'ai faite à May et à Fontaine-Etoupefour d'une assez grande quantité de *Leptœna* et *Thécidées* nouvelles m'a séduit; je n'espérais pas retrouver plus tard un sujet aussi neuf : la tentation était grande, j'y ai cédé. Mon père m'a d'ailleurs encouragé beaucoup dans cette entreprise; j'ai fait part de mon projet à M. Davidson; je lui ai communiqué la plupart des espèces que j'avais trouvées, en le priant de me donner ses avis à ce sujet. Ce savant paléontologiste a bien voulu entretenir avec moi une

---

(1) Ainsi, le genre *Productus* a été rencontré dans le terrain *Silurien* ; les genres *Leptœna*, *Thecidea* et *Spirigera* dans les terrains jurassiques. La plus étonnante de ces découvertes a été celle du genre *Leptœna*, par MM. Davidson et Bouchard (*). Le genre *Spirigera* vient d'être annoncé par M. Suess comme se trouvant dans le lias d'Autriche; enfin, le genre *Thecidea*, dont on n'avait reconnu que très-peu d'espèces dans les terrains jurassiques, se retrouve en abondance dans la plus ancienne de ces couches, le lias, si même ce n'est pas à cet étage qu'il faudra rapporter le maximum de développement de cette forme regardée jusqu'ici comme se trouvant presqu'uniquement dans les terrains crétacés.

(*) Voir les beaux travaux de M. Davidson sur les Brachiopodes anglais.

correspondance suivie et m'a donné une foule de conseils que lui suggérait sa grande expérience : je lui en témoigne ici mes vifs remercîments.

Afin de mieux fixer mes idées et connaître *de visu* les rapports et différences des Leptœna et Thécidées décrites dans le grand ouvrage de M. Davidson, je me suis adressé à M. Moore qui a été assez bon pour me communiquer ses espèces anglaises. J'ai fait, en un mot, tout ce qu'il a été en mon pouvoir pour m'éclairer sur les matières dont je voulais traiter ; mais je sens qu'il manque encore bien des choses à mon travail, ou plutôt à mon essai.

J'ai voulu mettre moi-même sur pierre les dessins de mes coquilles ; et j'ai encore ici à réclamer l'indulgence pour mes planches, qui n'ont pas aussi bien réussi que je l'eusse désiré. D'après l'avis de M. Davidson, je n'ai pas craint de multiplier les dessins de la même espèce quand elle présentait des variétés, et malheureusement c'est le cas de la plupart. On ne croirait pas, en effet, que des formes aussi différentes se liassent entr'elles par des nuances intermédiaires presqu'insensibles ; mais j'ai cherché, autant que possible, à ce que rien ne manquât à cet essai : heureux si j'ai pu faire connaître quelque chose de nouveau et si la science peut tirer parti de mon premier travail.

Je dois des remercîments à la Société Linnéenne qui, à la prière de mon père, a bien voulu permettre que mon travail parût dans son IXe. volume : c'est un encouragement qu'elle me donne et qui m'est bien cher.

REMARQUE SUR LE GISEMENT DES COQUILLES DÉCRITES DANS CE MÉMOIRE.

Avant de donner la description de mes Leptœna et Thecidées, je crois devoir faire quelques remarques sur le gisement de ces coquilles dans les deux localités qui m'ont fourni le plus grand nombre et les plus intéressants de mes matériaux.

La localité de Fontaine-Etoupefour présente le lias reposant en stratification discordante sur le grès de Caradoc *(terrain silurien)*; puis, au-dessus, la Malière *(partie de l'étage Toarcien. d'Orb.)*; mais on distingue facilement dans cette localité la succession de ces deux formations ; il n'en est pas de même à May.

Cette localité, qui a déjà fourni une foule d'espèces remarquables dans presque toutes les familles de mollusques, présente souvent une telle confusion dans l'arrangement des bancs qui la composent, qu'on éprouve de la difficulté pour distinguer à quelle assise appartient la portion de calcaire qu'on a sous les yeux. Cela dépend de plusieurs causes : d'abord la multiplicité des couches, leur absence dans quelques parties, leur peu d'épaisseur, et enfin le remaniement de fossiles qu'on remarque dans ces couches (1).

La carrière dont il est question est située des deux côtés de la route de Harcourt à Caen, à moitié chemin de St.-André de Fontenay et de May. Cette carrière, exploitée pour extraire le grès de Caradoc *(silurien inférieur)*, présente immédiatement au-dessus de ce grès, marqué (A), le lias supérieur (B), reposant en stratification très-discordante sur les assises siluriennes (2). Dans cette première couche liasique, j'ai trouvé un grand

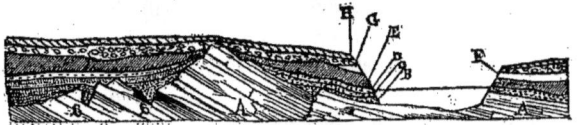

COUPE LONGITUDINALE DES CARRIÈRES DE MAY.

nombre de coquilles très-belles et très-bien conservées, entr'autres le genre *Conus?* (*Acteonina* d'Orb.), beaucoup de *Pleurotomaires, Mélanies,*

---

(1) Pour en donner un exemple frappant, je citerai la découverte que j'ai faite de la *Terebratula Eugenii* dans la couche formée d'argile et de cailloux roulés qu'on observe immédiatement au-dessous de la terre végétale, quoique la coquille en question appartienne au lias placé bien au-dessous.

(2) Le grès de Caradoc paraît avoir formé, aux époques jurassiques, un récif étendu que l'on rencontre depuis Fontaine-Etoupefour jusqu'à Bretteville-sur-Laize; on le voit dans ce parcours à Maltot, à Feuguerolles et à May. Dans quelques points des localités de Maltot, de Feuguerolles et de May, le grès de Caradoc est immédiatement en contact avec la terre végétale, ou même s'élève au-dessus ; mais, dans d'autres points de ces mêmes localités, il est en contact avec différentes couches de calcaire, tantôt avec le lias, comme j'ai pu l'observer à Fontaine-Etoupefour, à Maltot, à May et à Bretteville-sur-Laize, tantôt avec l'oolite inférieure, comme à Feuguerolles et dans quelques points à May ; mais partout où j'ai pu observer une couche calcaire en contact avec ce grès, partout aussi elle s'est présentée avec une grande quantité de fossiles remarquables, d'autant mieux conservés qu'ils sont plus proche du grès : cela tient sans doute à ce que les mollusques se réfugiaient dans les anfractuosités de la roche pendant les gros temps, et ont été enfouis sans avoir été roulés; les points marqués *b* représentent ces fissures de la roche où sont entassés les fossiles. Une particularité assez remarquable, et qui prouve en faveur de l'hypothèse du récif, c'est la découverte que j'ai faite de *Thécidées* adhérentes sur le grès lui-même.

Astarte, Cardinia, etc. C'est encore dans cette couche qu'on a rencontré spécialement les *Thecidea Moorei, Deslongchampsii, Perierii* et *Bouchardii,* associées aux *Spirifers Münsterii, Tessonii, Deslongchampsii, rostratus.* C'est aussi uniquement dans cette portion du lias qu'on a rencontré la forme si remarquable de *Terebratula Eugenii.*

Immédiatement au-dessus de cette assise, se rencontrent, mais dans des parties très-restreintes, deux bancs (étage Toarcien, d'Orb.?) d'une très-faible puissance, composés l'un (C) presqu'entièrement de débris de Crinoïdes, l'autre (D) d'argile jaunâtre (1). Ce sont ces deux bancs qui nous ont fourni nos espèces si remarquables de Leptœna et de Thécidées : *Leptœna Davidsonii, liasiana* et *Bouchardii,* et les *Thecidea Mayalis, submayalis, leptœnoïdes, Moorei, rustica, Koninckii, sinuata, Buvignerii.* J'y ai en outre trouvé 3 ou 4 petits Spirifères non encore mentionnés (2).

Au dessus, on rencontre différents bancs (E) de l'oolite inférieure (terrain Bajocien d'Orb.) où l'on voit une très-grande quantité de fossiles, entre autres les *Rhynchonella spinosa, Rhyn. plicatella, Terebratula carinata,* etc. ; ce qui indique bien que ce banc appartient au même étage que les assises des Moutiers, Bayeux, etc.

L'assise (F), qui manque presque complètement du côté Ouest de la route de Caen, est formée d'un calcaire blanc contenant très-peu de fossiles, et le même probablement que l'on retrouve très-développé aux Moutiers où les carriers le connaissent sous le nom de *le blanc.*

Au-dessus on voit une couche de médiocre épaisseur (G) formée d'argile et de cailloux roulés, et enfin (H) la terre végétale.

Je donne ici une coupe transversale de la carrière pour qu'on puisse juger de la très-grande discordance des couches siluriennes et jurassiques, et pour montrer la disposition oblique que présentent les bancs jurassiques, prouvant, je pense, que les strates B, C, D, E, F, G, se sont déposés sur un récif aux époques où les mers liasiques et oolitiques couvraient la contrée.

COUPE TRANSVERSALE DE LA CARRIÈRE DE MAY.

(1) La localité de May seule jusqu'ici a présenté les bancs C et D.
(2) Ces tout petits Spirifères présentent des dispositions très-singulières, se rapprochant plutôt des

C'est à peine si, à l'œil nu, on peut voir les Leptœna et Thécidées dans les bancs eux-mêmes, sauf toutefois la *Leptœna Davidsonii* qu'on reconnaît sur-le-champ à sa grande taille; je ne sais comment cette coquille avait pu échapper si long-temps aux yeux des paléontologistes, car elle est très-abondante dans les bancs C et D de May où, pendant 5 ou 6 ans, des recherches fréquentes avaient été faites par MM. Morière, Périer, Luard et Bréville. J'y étais allé bien des fois avec mon père, j'y avais trouvé souvent beaucoup de fossiles, et cependant aucune des coquilles décrites dans ce mémoire n'avait été mentionnée; enfin, au mois d'août dernier, M. Périer eut le bonheur de rencontrer un exemplaire de la *Leptœna Davidsonii*; depuis, mon père et moi nous en avons trouvé un assez grand nombre. C'est en lavant à grande eau le sable et l'argile, que nous avons trouvé ces nombreuses espèces de coquilles. J'ai déjà obtenu de bons résultats en lavant aussi du sable recueilli à St.-Aubin de Langrune (*grande oolite*); je me suis procuré ainsi des spécimens d'une magnifique conservation de la *Thecidea triangularis* (1).

La découverte de Leptœnas dans notre lias du Calvados confirme l'existence certaine du genre Leptœna dans le lias mentionné déjà par M. Davidson; mais c'est seulement dans la partie la plus supérieure du lias qu'on a rencontré jusqu'ici ces formes si insolites pour le terrain en question; c'est dans la dernière couche du lias supérieur, immédiatement en contact avec l'Oolite ferrugineuse, qu'on a trouvé le genre *Leptœna* et en Angleterre et en France, quoique M. d'Orbigny lui ait assigné pour gisement son *terrain Sinémurien* qui équivaut à notre *Lias inférieur*.

Nos espèces du Calvados ont des ressemblances bien frappantes avec

---

formes paléozoïques que des formes liasiques; un autre, dont la structure élégante, lamelleuse, comme imbriquée, le ferait déjà distinguer de tous les Spirifères connus, présente en outre une disposition inverse des autres Spirifères dans la position de son sinus, position analogue à celle qu'il occupe dans la *Ter. Bugenii*.

(1) Outre cette Thécidée, j'ai trouvé une nouvelle espèce de Cranie, et enfin une coquille singulière, adhérente, très-plate et ornée à l'intérieur de rayons entrecroisés formant un dessin très-élégant; M. d'Orbigny a parlé, dans son Prodrome, d'une coquille dont la courte description paraît se rapporter à cette espèce; il l'a donnée sous le nom de *Crania radiata*; je ne sais si c'est là la coquille qu'a voulu indiquer M. d'Orbigny; en tout cas, celle dont je parle n'est certes pas une Cranie, ce serait plutôt une espèce coquille du genre *Ostrea*, ou voisine de ce genre.

certaines espèces *Siluriennes*, le *Leptœna oblonga,* par exemple, comme on peut s'en assurer en comparant attentivement les intérieurs de ces différentes formes. Il est bien singulier de voir que des coquilles, qui semblent terminer la série d'un genre dans la succession stratigraphique des terrains, aient des ressemblances si frappantes avec les formes les plus anciennes de ces mêmes coquilles; et surtout lorsque plusieurs étages intermédiaires semblent privés de ces *Leptœna,* c'est-à-dire les terrains Triasiques et la partie inférieure du lias (étages Sinémurien et Liasien d'Orb.). Il semblerait donc que le lias supérieur ait été un point d'arrêt dans la création générale des Brachiopodes, puisqu'il sert de limite en même temps à des formes tout-à-fait paléozoïques, comme les genres (*Leptœna, Spirigera, Spirifer*), et à des formes bien plus récentes, comme le genre *Thecidea*. Il est vrai cependant que des découvertes futures pourront changer ces délimitations qui ne sont peut-être qu'apparentes; on voit déjà que les terrains Dévoniens contiennent un genre voisin des Thécidées, *Davidsonia* (1), que M. de Koninck considère comme le représentant de nos Thécidées.

Ce sera en observant bien attentivement les roches un peu friables et faciles à réduire en sable par un lavage plus ou moins prolongé, qu'on pourra savoir au juste si les Leptœna doivent rester comme une sorte d'exception au milieu des terrains jurassiques, ou si de nouvelles découvertes ne nous feront point rencontrer cette forme dans les terrains intermédiaires aux formations Liasique et Pénéenne où sont les derniers représentants paléozoïques des Leptœna. La même observation s'applique au genre Thécidée ; et, pour ma part, tant que je rencontrerai de ces roches convertibles facilement en sable, à quelque terrain qu'elles appartiennent, je chercherai toujours à m'assurer si je ne pourrais rencontrer des matériaux nouveaux qui, soit à cause de leur petite taille ou de leur rareté, auraient échappé aux yeux des paléontologistes qui m'ont précédé.

(1) Voyez les mémoires de M. Bouchard Chantereaux et de M. de Koninck, sur le genre *Davidsonia*.

Genre **LEPTŒNA** *(Dalman, 1827)*.

J'emprunte à M. Davidson (1) *sa caractéristique du genre.*

Coquille inéquivalve, équilatérale, généralement transverse, quelquefois ovale, toujours comprimée; lisse, striée ou costelée extérieurement. Grande valve plus ou moins convexe ou concave, quelquefois droite ou coudée. Crochet plus ou moins saillant, droit, quelquefois recourbé et perforé à son extrémité par un petit trou circulaire béant, séparé de la ligne cardinale par une aréa plus ou moins saillante, triangulaire ou canaliculée. Petite valve concave ou convexe, suivant la grande dans ses différentes courbures. Crochet de la petite valve peu saillant, avec ou sans aréa linéaire. Deltidium complet, triangulaire, formant un angle plus ou moins ouvert, sans rapport avec le développement de l'aréa, souvent entaillé à sa base, pour donner passage à des fibres tendineuses d'attache. Charnière transverse, droite, linéaire, avec dents disposées d'une manière variable, mais toujours pourvue sur la grande valve de deux dents principales divergentes, qui sont reçues dans des fossettes correspondantes, placées de chaque côté de l'apophyse centrale bifide ou trifide de la petite valve. Point de supports internes calcaires.

Obs. Outre les *Leptœna liasiana* et *Bouchardii* déjà indiquées par M. Davidson comme ayant été rencontrées dans le lias supérieur d'Ilminster, je décris ici une nouvelle espèce de Leptœna (*Leptœna Davidsonii*), qui est la plus grande des formations liasiques qu'on ait encore rencontrées. Cette espèce est bien certainement une Leptœna, comme on peut s'en convaincre par l'inspection de l'intérieur qui a de grands rapports avec quelques formes Siluriennes. Malgré les recherches très-minutieuses que j'ai faites à May et Fontaine-Etoupefour, je n'ai pu encore rencontrer les formes *Moorei*, *Pearcei* et *granulosa*, quoique la première soit celle qu'on trouve le plus souvent dans les couches liasiques d'Ilminster. Peut-être que de nouvelles recherches, tentées dans les couches d'Evrecy, de Landes, de Vieux-Pont, etc., pourront nous donner soit ces formes, soit d'autres espèces nouvelles.

Je décris en outre dans ce mémoire, une coquille que je range avec

---

(1) A monograph of british fossil brachiopoda, jurassics species, *by Thomas Davidson.* — Paleontographical society.

beaucoup de doute dans le genre Leptœna, c'est la *Leptœna variolata*. Cette forme étrange semble si différente de tout ce qu'on connaît de tous les terrains, que je ne puis l'admettre qu'avec beaucoup de circonspection comme une Leptœna, surtout n'ayant pu voir l'intérieur, ce qui pourrait précisément édifier sur le véritable genre où l'on doit placer cette singulière coquille.

Les Leptœna rencontrées jusqu'ici en Angleterre et en France dans le lias, sont les suivantes :

		LOCALITÉS.	
		France.	Angleterre.
Espèces à côtes rayonnantes.	Leptœna Moorei...	»	Ilminster.
	— granulosa...	»	Id.
	— Pearcei....	»	Id.
Espèce à surface presque lisse.	— Davidsonii...	May..............	»
Espèces lisses.	— liasiana.....	May, Pic de St.-Loup (Hérault).	Ilminster.
	— Bouchardii...	May, Fontaine-Etoupefour...	Id.
Espèce tuberculeuse.	Leptœna?? variolata.	Fontaine-Etoupefour......	»

LEPTŒNA DAVIDSONII *(Eug. Desl.)*.

Pl. XI, fig. 1 et 2.

Longueur 16 millimètres, largeur 25 millimètres (le plus grand échantillon connu).

Testa semicirculari, subauriculata, latiori quàm longiori, lævigata. Majori valva valdè convexa; minori concavâ. Cardine recto, testam superante. Area duplici, plana. Deltidio parvulo, prominulo. Apice ferè recto, marginali, perforato.

Coquille demi-circulaire, un peu auriculée, plus large que longue. Surface à peu près lisse. Grande valve fortement et uniformément convexe. Petite valve concave, suivant presque la courbure de la grande. Oreillettes un peu convexes à la grande valve, concaves à la petite. Charnière droite, un peu plus large que la coquille. Area double, plane. Deltidium petit, saillant. Crochet presque marginal, percé d'un petit trou rond, très-visible.

INTÉRIEUR.

Grande valve.

Très-concave, oreillettes offrant de grosses granulations inégales qui vont en s'atténuant vers le pourtour formé d'une bande non saillante. Sous le crochet, deux petites empreintes musculaires réunies par un petit bourrelet. Sur le milieu deux lignes enfoncées circonscrivent un petit espace qui s'élargit en s'avançant du côté des empreintes. De chaque côté un espace assez grand, presque circulaire, avec un bourrelet peu apparent qui le contourne au-dessus et sur les côtés.

Petite valve.

Convexe. On observe les mêmes granulations aux oreillettes et au pourtour qui forment un bourrelet très-saillant; près de la charnière, deux petites impressions musculaires qui se continuent par un petit sillon sur deux grosses saillies ovalaires latérales, imparfaitement circonscrites.

NOTA. *Toutes ces empreintes, à l'exception des deux saillies ovalaires et du bourrelet frontal de la petite valve, sont peu prononcées et varient légèrement suivant les individus* (1).

Obs. Cette belle espèce se distingue aisément par sa grande taille de toutes celles qu'on a trouvées jusqu'ici dans le lias (les autres atteignant tout au plus le quart de sa grandeur); elle ressemble un peu au *Leptœna Moorei* (Dav.); mais elle est plus convexe, et surtout elle ne présente pas les fines stries qu'on remarque sur cette dernière; elle s'en éloigne encore par la forme de son intérieur.

La *Leptœna Davidsonii* a été pour la première fois trouvée à May parmi plusieurs coquilles recueillies par M. Périer; mon père, à l'examen duquel il soumit ces objets, reconnut avec plaisir une Leptœna bien caractérisée; c'est donc à M. Périer qu'est dû l'honneur d'avoir le premier rencontré le genre Leptœna dans les terrains liasiques du Calvados. Depuis, mon père et moi avons trouvé un certain nombre d'exemplaires dans la même localité. Cette Leptœna, ainsi que les deux suivantes, ont été trouvées dans l'assise la plus élevée du lias supérieur, au milieu d'une sorte de sable argileux formé presqu'exclusivement de débris d'encrines.

(1) J'ai représenté trois de ces intérieurs pl. XI, fig. 1 et fig. 2 (*b* et *d*), pour montrer ces variations sur la grande valve. La fig. 1 (*b*, *c*, *d*) représente des *Leptœna Davidsonii* de différents âges, avec la coupe de chacune de ces coquilles, la convexité augmentant avec l'accroissement.

J'ai dédié cette belle espèce à M. Davidson, faible hommage rendu à celui dont les magnifiques travaux ont jeté tant d'éclat sur la famille si intéressante des Brachiopodes. Je suis heureux de pouvoir saisir l'occasion de témoigner ma vive reconnaissance à ce savant paléontologiste, pour toutes les marques de bienveillance qu'il a bien voulu me donner.

Pl. XI, fig. 1 (*a, b, c, d*) *Leptœna Davidsonii* à différents âges, grandeur naturelle.
— fig. 2 (*a, b, c, d, e*) la même grossie.

LEPTŒNA LIASIANA. *(Bouchard)*.

Pl. XI, fig. 3 et 4.

Longueur 6 millimètres, largeur 5 millimètres.

Testa subcirculari, subauriculata, longiori quàm latiori, nitida. Majori valva vadè convexa, minori concava. Cardine recto, testam haud æquante. Area duplici, plana. Deltidio parvulo, prominulo. Apice curvo, submarginali, perforato.

Leptœna liasiana, Bouch. 1847. *Annals and mag. of nat. hist.*, p. 18, fig. 2, *a, d*.
— — Dav. 1850. *Bull. Soc. géol. de France*, vol. VI, 7ᵉ série, p. 270.
— —??? d'Orb. *Prodrome*, vol. 1, p. 280.
— — Dav. 1851. *A monog. of Brit. foss. brachiopod.*, p. 18, pl. I, fig. 21.

Coquille subcirculaire, un peu auriculée, mais beaucoup moins que la précédente, un peu plus longue que large (1). Surface très-lisse et brillante. Grande valve très-convexe, gibbeuse au crochet, la convexité augmentant graduellement vers cette partie. Un sinus peu marqué se voit au bord frontal de la coquille. Petite valve concave, suivant presque la courbure de la grande. Oreillettes très-petites ou même quelquefois nulles. Charnière droite, moindre que la largeur de la coquille. Area double, plane. Deltidium petit, saillant. Crochet très-courbé, surbaissé, percé d'un petit trou rond.

---

(1) Quoique toujours plus longue que large, elle varie en largeur; l'individu figuré est un des plus larges.

INTÉRIEUR (1).

Grande valve.

Très-concave, oreillettes offrant des granulations qui vont en s'atténuant au pourtour de la coquille et deviennent plus grandes et moins serrées vers le centre. Sous le crochet existe un petit bourrelet longitudinal, médian, à peine visible, avec deux empreintes musculaires ovalaires, assez profondes.

Petite valve.

Convexe. Mêmes granulations que sur la grande. Près de la charnière, deux petites empreintes musculaires, peu profondes, précèdent deux petites saillies ovalaires, latérales, séparées par un petit bourrelet.

Obs. Cette espèce, depuis long-temps décrite et figurée par MM. Bouchard et Davidson, était jusqu'ici la seule qui eût été découverte en France, près de Montpellier. Elle n'est pas très-rare dans notre localité de May; elle paraît l'être en Angleterre, M. Moore n'en ayant encore rencontré que quelques exemplaires, malgré ses laborieuses recherches dans le lias d'Ilminster. C'est bien certainement une Leptœna, comme on peut s'en convaincre par l'inspection de son intérieur qui se rapproche beaucoup de celui du *Leptœna Davidsonii*.

Pl. XI, fig. 3, *Leptœna liasiana*, grandeur naturelle.
— fig. 3 (*a, b, c, d, e*), la même grossie.
— fig. 4, échantillon anglais, d'après M. Davidson.

LEPTOENA BOUCHARDII (Dav.).

Pl. XI, fig. 5.

Longueur 4 millimètres, largeur 2 millimètres et demi.

Testa ovata, inauriculata aut vix lauriculata, longiori quàm latiori, lævigata. Majori valva convexa, minori concava. Cardine recto, brevi, testam haud superante. Area duplici, parvula. Apice submarginali, non perforato.

---

(1) N'ayant eu malheureusement à ma disposition que des intérieurs très-mal conservés, je n'ai pu donner des figures que d'après des débris, beaucoup de détails m'ont sans doute échappé.

Leptœna Bouchardii Dav. 1847. *Annals and mag. of nat. hist.*, pl. XVIII, fig. 3.
— — Dav. 1850. *Bull. Soc. géol. de France*, vol. VI, 2ᵉ. série.
— ??? d'Orb. Prodrôme 1849, vol. I, p. 220.
— — Dav. 1851. *A monog. of Brit. foss. Brachiop.*, p. 18, pl. I, fig. 22.

Coquille ovalaire, sans oreillettes, ou avec des oreillettes très-petites, deux fois aussi longue que large. Surface lisse et luisante. Grande valve convexe. Petite valve concave ; courbure uniforme. Charnière droite, bien moindre que la largeur de la coquille. Aréa double, très-étroite. Deltidium très-petit, saillant. Crochet submarginal, un peu courbé.

INTÉRIEUR.

Grande valve. Inconnu.
Petite valve (1).

Un bourrelet granulé suit le pourtour de la coquille en s'insérant de chaque côté de l'apophyse dentaire. Du bord frontal de ce bourrelet naît une petite bride qui semble partager la coquille en deux portions à peu près égales.

Obs. Cette jolie petite espèce se distingue facilement de la *Leptœna liasiana* par sa forme plus élégante, sa courbure uniforme et sa taille bien plus petite ; de plus, le crochet n'est jamais perforé. Un seul de mes exemplaires présente de très-petites oreillettes ; mais comme elles sont très-fragiles, elles ont pu être brisées pendant la vie ou la fossilisation. Cette espèce paraît être plus rare que les deux précédentes dans nos localités ; j'en ai trouvé une dixaine d'exemplaires, dont deux seulement proviennent de Fontaine-Etoupefour, les autres sont de May.

J'ai figuré, d'après M. Davidson, l'intérieur de la petite valve, dont je dois des échantillons anglais à l'obligeance de M. Moore d'Ilminster. N'ayant pu trouver dans nos localités de valves isolées, je n'ai pu vérifier cet intérieur sur nos échantillons.

(1) Je décris cet intérieur d'après des échantillons anglais du lias d'Ilminster, envoyés par M. Moore.

LEPTOENA ??? VARIOLATA (Eug. Desl.).

Pl. XI, fig. 6.

Longueur 7 millimètres, largeur 9 millimètres.

Testa semicirculari, latiori quàm longiori, tuberculosa. Majori valva convexa, tuberculis crassis ornata. Minori leviter convexa, foveolata. Area lata, in majori tantùm valva sistente. Deltidio parvo. Apice marginali.

Coquille demi-circulaire, plus large que longue. Grande valve convexe, ornée de gros tubercules disposés d'une manière à peu près symétrique. Petite valve un peu convexe, presque plane, ornée de petites fossettes correspondant aux tubercules de la grande valve. Charnière droite, de la largeur de la coquille. Aréa large, plane, existant sur la grande valve seulement. Deltidium petit, saillant. Crochet marginal.

Intérieur. Inconnu.

Obs. Cette singulière coquille ne se rapporte bien à aucun des genres de Brachiopodes connus; elle a le facies général d'une Thécidée; mais comme la coquille n'est pas adhérente, je ne pense pas qu'on puisse la rapporter à ce genre. Je n'ai pas malheureusement pu voir l'intérieur qui m'eût éclairé sur sa véritable place; je la mets provisoirement dans le genre *Leptœna* avec beaucoup de doute. Cette coquille paraît être bien rare; j'en ai trouvé, l'été dernier, un seul échantillon dans une petite poignée de sable ramassé à Fontaine-Etoupefour, et depuis, malgré des recherches opiniâtres dans la même localité, je n'en ai pas rencontré un fragment.

Pl. XI, fig. 6, *Leptœna*?? *variolata*, grandeur naturelle.
— fig. 6 (*a, b*), la même grossie.
— fig. 6 (*c*), aréa grossie.

Genre THECIDEA (De France 1828).

Coquille bivalve, inéquivalve, équilatérale, épaisse, plus ou moins irrégulière, adhérente soit par la totalité, soit par une partie de la surface de la grande valve, quelquefois seulement par un pédicule naissant de l'extrémité du bec; forme longitudinale, subcirculaire, transversalement ovale ou quelquefois subquadrangulaire. Grande valve plus ou moins convexe, lisse ou diversement striée et granulée. Petite valve rarement convexe, souvent plane, quelquefois concave, lisse ou diversement striée et granulée. Charnière à peu près droite, portant à la grande valve, de chaque côté du deltidium, deux grosses dents qui correspondent à des fossettes sur la petite valve ; entre ces deux dents s'articule une grosse apophyse cardinale naissant de la petite valve et qui s'avance sous le deltidium (1). Bec plus ou moins allongé. Aréa de la grande valve, longue ou large, avec un deltidium le plus souvent bien défini. Aréa de la petite valve presque toujours peu marquée, souvent nulle. Structure ponctuée.

INTÉRIEUR.

Grande valve.
Surface interne rarement lisse, presque toujours couverte de granu-

(1) Outre les moyens d'union entre les deux valves des Thécidées, bien connus des conchyliologistes, c'est-à-dire l'apophyse cardinale de la petite valve et les deux dents latérales de la grande valve placées de chaque côté du deltidium, je soupçonne qu'il en existe un autre consistant en un ligament élastique destiné tout à la fois à augmenter la solidité des moyens d'union, et à faire ouvrir la petite valve, lors du relâchement des muscles adducteurs. Je ne sache pas que les conchyliologistes aient parlé de ce moyen d'union ou en aient soupçonné l'existence : voici du moins ce que j'ai vu sur deux des plus grandes espèces de May, les *Thecidea leptænoides* et *Mayalis*. Parmi les échantillons que j'ai recueillis, s'en trouvait un dont les deux valves, réunies, étaient brisées suivant la longueur de la coquille, ou plus exactement cet échantillon ne consistait qu'en une moitié latérale des deux valves restées en rapport. Je représente cet échantillon grossi, pl. XII, fig. 4, et la partie avoisinant la charnière beaucoup plus grossie encore, pl. XII, fig. 5. On voit, dans cette dernière figure l'apophyse cardinale (a) de la petite valve située au-dessous du deltidium, et en (b), l'espèce de petit appareil naissant du fond du crochet de la grande valve et montrant à son extrémité libre deux fossettes ovalaires, plus ou moins grandes et distinctes, ordinairement séparées par une petite crête verticale assez constante, mais dont l'intégrité dépend du degré de conservation de la coquille. Entre les extrémités libres de l'apophyse cardinale de la petite valve et le petit appareil en question, est un intervalle très-notable (c), vide dans le fossile, mais que je soupçonne avoir été rempli pendant la vie par un ligament élastique dont les fibres ont dû être perpendiculaires, et qui remplissait le même office que le ligament unissant les deux valves des anomies, ou celles des spondyles et même des peignes, des limes, etc... Je cite les deux premiers genres parce que l'analogie m'y semble plus facile à saisir, sans que je prétende pousser la ressemblance plus loin.

En examinant l'intérieur des valves des Thécidées de tous les terrains et aussi de l'espèce vivante, il est difficile de concevoir le mécanisme par lequel ces coquilles à parois très-épaisses, si on tient compte de leur petite taille, pouvaient écarter leurs valves. Je présente ma conjecture pour ce qu'elle est ; mais elle a pour elle, je crois, de grandes analogies, car je ne pense pas qu'il existe de vraies bivalves, dont l'écartement ne soit pas l'effet d'un ligament. J'en excepte pourtant la plupart des Brachiopodes, et c'est là le point vulnérable de mon analogie, je le sais ; mais il y a tant de différences chez les Brachiopodes dans la position du crochet de la petite valve par rapport à la grande, qu'il doit y avoir divers moyens d'écartement des valves. Je pense que c'est un sujet qui a été à peine effleuré et que je regarde comme une question tout-à-fait réservée.

lations, particulièrement sur le rebord qui dans plusieurs forme biseau. Trois petites lames courtes, longitudinales, situées au fond du crochet ; dans l'intérieur, surtout pour les espèces à appareil apophysaire simple, des saillies et des enfoncements semblent reproduire, mais d'une manière moins prononcée, les dispositions particulières de la petite valve.

Petite valve.

Surface rarement lisse, presque toujours granulée. Rebord de la valve formant toujours biseau, presque jamais lisse, mais couvert de granulations ou de stries perpendiculaires. Une barre transversale, parallèle à la ligne cardinale, et qui en est séparée par un intervalle variable, a son origine de chaque côté au niveau du bord interne du biseau ; cette barre fait corps avec la coquille jusque vers la petite cavité destinée à loger les viscères, par dessus laquelle elle passe presque toujours, en formant une sorte de pont (1). Au-dessous un appareil apophysaire quelquefois simple, quelquefois double (2), sert à soutenir les bords ciliés du manteau, cet appareil variant à l'infini suivant les espèces et même les variétés. Animal petit. Point de bras.

Obs. D'après l'inspection des intérieurs des différentes espèces de Thécidées de tous les terrains, je pense qu'on peut diviser facilement ce genre en deux sections. Si on regarde avec attention les intérieurs de deux espèces qui, au premier coup-d'œil, semblent être assez voisines, la *Thecidea Mayalis* (espèce liasique) et la *Th. digitata* (espèce crétacée), on verra dans

---

(1) Lorsque l'appendice en forme de pont n'existe pas, cette absence paraît accidentelle et dépendre d'une fracture ; cependant il y a des espèces où la barre ne paraît pas se continuer au-dessus de la cavité viscérale (*The. rustica*, par exemple), mais s'incline de chaque côté de l'apophyse cardinale. Ce qu'il y a même de fort singulier et que je croirais une méprise, si je ne l'avais pas plusieurs fois vérifié, c'est que certaines variétés faisant exception, pour ainsi dire dans leur espèce, présentent cette dernière disposition, quoique les autres variétés de la même espèce possèdent la barre transversale complète ; par exemple dans la *Th. Mayalis*, pl. XII, fig. 5 *a*.

Un seul échantillon de la *Thecidea Mayalis*, pl. XII, fig. 11 *a*, présente, à la barre transversale, de petits appendices qui peut-être ont été réunis aux branches de l'appareil apophysaire avant qu'une fracture ou l'âge ne les en ait séparés, car on voit sur un autre exemplaire, pl. XIII, fig. 8, les côtes de l'appareil apophysaire au nombre de 5 réunies à la barre transversale ; j'ai pu vérifier cette disposition sur un certain nombre d'échantillons de la même espèce, *Th. Mayalis*, qui du reste présente des variétés presqu'à l'infini. Une disposition plus commune est celle où l'on voit la barre transversale réunie à la côte centrale de l'appareil apophysaire par deux petits appendices laissant entre eux un espace vide de forme triangulaire, la *Th. Leptænoides* et la *Th. Mayalis* surtout m'en ont offert un grand nombre de cas.

(2) Voyez plus loin ce que j'entends par appareil apophysaire simple ou double dans les Thécidées.

la première un appareil unique naissant du bord frontal de la coquille, tandis que dans la seconde il y a, outre ce même appareil que j'appellerai *ascendant*, un autre appareil suivant à peu près le contour du premier, mais dans une direction contraire; cet autre appareil, que j'appellerai *descendant*, naît d'une bride transversale située au tiers à peu près de la coquille du côté de l'apophyse dentaire. Le double système se remarque surtout dans les espèces crétacées et dans l'espèce vivante.

Je prendrai pour type de Thécidée à appareil double la *Th. digitata*, pl. XII, fig. 14 et 14 (*a, b.*), où il semble être le plus marqué, et pour type de Thécidée à appareil simple, les *Th. Mayalis, leptœnoides, rustica*, etc., etc. Les Thécidées à appareil simple semblent dominer dans le lias, tandis que c'est à la première section, ou à appareil double, qu'il faudrait rapporter les espèces crétacées. Les espèces jurassiques, que je rapporte à cette dernière section, ne présentent même qu'incomplètement le système descendant; il y est représenté seulement par une petite bride demi-circulaire située de chaque côté de la côte centrale, comme on peut le voir dans la *Th. Deslongchampsii*. Je ne pense pas qu'on puisse regarder les grosses granulations des *Th. Moorei, sinuata*, etc., comme suffisantes pour caractériser l'appareil descendant; je considère donc ces Thécidées comme des espèces à appareil simple.

Voici, en un mot, comment je classerais, d'après ce point de vue, les Thécidées jurassiques décrites dans ce mémoire :

Thécidées à apppareil double. (1)
- Th. Deslongchampsii.
- — Buvignierii.
- — triangularis.
- ? De Francii.

Thécidées à appareil simple.
- Th. ? Perierii.
- — Leptœnoides.
- — Bouchardii.
- — Mayalis.
- — Sub Mayalis.
- — Koninckii.
- — rustica.
- — Moorei.
- — sinuata.

De ces treize espèces de Thécidées, on voit que quatre seulement appartiennent à la première section ou à appareil double, encore n'y rentrent-elles qu'imparfaitement, puisque la bride transversale, d'où naît ordinairement cet appareil descendant, manque dans nos espèces jurassiques.

Peut-être dira-t-on que cette division est arbitraire, et que si plusieurs de mes espèces manquent de l'appareil descendant, c'est que cet appareil aura été cassé pendant la vie ou la fossilisation; je ne le pense pas, car sur la

---

(1) Je marque d'un (?) les *Th. de Francii* et *Th. Perierii* parce que ne connaissant pas leurs intérieurs, l'analogie seule me les a fait placer dans ces sections.

Th. Mayalis, par exemple, dont j'ai examiné minutieusement plusieurs centaines d'échantillons, et dont j'ai ouvert plusieurs qui devaient être par conséquent bien conservées, dans aucune je n'ai trouvé de traces de l'appareil descendant ; j'ai parfois rencontré seulement de petites granulations occupant, en tout ou partie, les intervalles entre chacune des côtes de l'appareil ascendant. Je ne pense pas néanmoins que ce caractère soit suffisant pour constituer deux genres, mais seulement pour diviser en deux groupes le genre *Thecidea* et faciliter le groupement des espèces.

Ces treize espèces de Thécidées ne sont peut-être pas toutes parfaitement circonscrites ; il est possible que les *Th. Mayalis* et *Submayalis* ne soient que des variétés l'une de l'autre ; il en est de même des *Th. Deslongchampsii*, et *Buvignierii* ; mais les variétés sont si nombreuses, les formes sont si multipliées qu'il faut, pour pouvoir s'y reconnaître, admettre quelques espèces un peu artificielles, sans quoi on ne saurait où s'arrêter.

THÉCIDÉES A APPAREIL SIMPLE.

THECIDEA PERIERII (*Eug. Desl.*).

Pl. XI, fig. 7 et 8.

Longueur 2 millimètres, largeur 3 millimètres 1/2.

Testa subquadrangulari, latiori quàm longiori, læviuscula. Valvis subæqualibus. Majori valva plana, ad circuitum reflexa. Minori plana. Cardine recto, testam subæquante. Area duplici, in utraque valva æquali. Apicibus æquè prominentibus, marginalibus. Majori valva penè tota affixa.

Coquille subquadrangulaire, plus large que longue ; surface à peu près lisse ; valves presqu'égales. Grande valve plane jusque vers son pourtour où elle se relève presqu'à angle droit. Petite valve plane. Ligne cardinale droite, atteignant presque la largeur de la coquille. Aréa double, égale dans les deux valves. Deltidium large. Crochets de chaque valve aussi saillants l'un que l'autre et marginaux. Adhérence occupant presque toute la surface de la grande valve.

INTÉRIEUR. Inconnu.

Obs. Cette espèce, si remarquable par la disposition de son aréa, se distingue encore par sa forme déprimée et les fortes ponctuations qu'on remarque surtout sur sa valve libre ; elle est très-rare, et se trouve dans la portion du lias supérieur que j'ai marquée en B; j'en ai trouvé deux échantillons à Fontaine-Etoupefour et un autre à May; je n'ai malheureusement pu voir l'intérieur, de sorte que la description de cette espèce est encore incomplète.

    Pl. XI, fig. 7; *Thecidea Perierii*, grandeur naturelle.
    —   fig. 8, la même grossie.
    —   fig. 8 (*a, b*), la même montrant la forme singulière de l'aréa.
    —   fig. 8 (*c*), portion très-grossie du test pour montrer la forme des ponctuations.

THECIDEA LEPTOENOIDES *(Eug. Desl.)*.

Pl. XI, fig. 9 et 10.

Longueur 7 millimètres, largeur 11 millimètres.

Testa semicirculari, subauriculata, latiori quàm longiori, sublœvi; valvis maximè imparibus. Majori valva valdè convexa; minori parvula, concava. Cardine recto, testam superante. Area parva, duplici. Deltidio parvo. Apice marginali. Majori valva propè apicem partim affixa.

Valva minori crassa, intùs plana, leviter granulata, fulcro ciliorum unico, medio, longitrorsùm bipartita.

Coquille demi-circulaire, légèrement auriculée comme une Leptœna, plus large que longue, très-inéquivalve. Surface à peu près lisse, interrompue par des lignes d'accroissement peu marquées. Grande valve très-convexe. Petite valve concave, égalant à peine la moitié de la grandeur de la valve adhérente qui se prolonge sans biseau sensible. Ligne cardinale droite, un peu plus grande que la coquille. Aréa petite, double. Deltidium petit, saillant. Crochet marginal. Adhérence peu étendue, n'occupant jamais plus du tiers de la grande valve, vers le crochet.

INTÉRIEUR.

Grande valve.

Une côte médiane, longitudinale, occupant la moitié supérieure de la coquille, sépare deux dépressions subcirculaires, au milieu desquelles on voit un léger bourrelet terminé par une petite proéminence arrondie.

Petite valve.

Système apophysaire simple, formé d'une seule côte médiane, longitudinale, mince, naissant du bord frontal de la coquille, et rejoignant la barre transversale par deux petits appendices qui forment un petit espace triangulaire (1) vide. Une surface plane couverte de légères granulations est circonscrite par le biseau et partagé en deux par la côte médiane.

Obs. Cette belle et grande espèce de Thécidée, déjà bien remarquable par la disproportion énorme existant entre ses deux valves, mérite encore de fixer l'attention par la forme de ces deux mêmes valves dont l'une est concave et l'autre convexe, et par la forme de son aréa; caractères qui sont ordinairement plutôt ceux des Leptœna que des Thécidées; mais l'adhérence et l'appareil interne appartiennent bien à ce dernier genre. Ce sont ces raisons qui m'ont engagé à lui donner le nom de *Thecidea Leptœnoïdes.* J'en ai trouvé des fragments qui indiquaient une taille au moins double de l'individu figuré pl. XI, fig. 9. Je l'ai rencontrée en grand nombre dans le sable de May. Elle a quelque rapport de forme avec la *Thecidea Bouchardii :* mais dans cette dernière, l'adhérence est bien plus étendue, le bord libre de la grande valve forme un biseau très-épais, et la petite valve est plane au lieu d'être convexe; on ne peut donc confondre ces deux coquilles.

Pl. XI, fig., 9, *Thecidea Leptœnoides*, grandeur naturelle.
— fig. 9 (*a, d*), la même grossie.
— fig. 9 (*c*), intérieur de la grande valve.
— fig. 9 (*f*), intérieur de la petite valve.
— fig. 9 (*b*), coupe suivant la longueur.
— fig. 9 (*e*), petites empreintes situées dans l'intérieur sous le crochet.

THECIDEA BOUCHARDII (Dav.).

Pl. XII, fig. 15, 16, 17, 18 et 19.

Longueur 5 millimètres, largeur 7 millimètres.

Testa vario aspectu, sæpiùs latiori quàm longiori, sublævi. Valvis valdè imparibus. Majori valva expansa. Minori operculiformi. Area lata, subtriangulari; in majori tantùm valva sistente. Deltidio parvo. Apice marginali. Majori valva tota extrinsecùs affixa.

Valva minori tenuissima, intùs plana interdùm leviter granulata, fulcro

---

(1) On ne voit cette barre complète en forme de pont, et les deux appendices de la côte centrale que dans les échantillons bien conservés. La même observation s'applique à la *Thecidea Mayalis.* Quelquefois la barre en forme de pont existe seule.

ciliorum unico longitrorsum bipartita.

Thecidea Bouchardii Dav. 1851. *A monog. of Brit. foss. Brachiop.* (Pal. Soc.),
part. 3, p. 14, pl. I, fig. 15, 16.
— — Dav. 1852. *Annals and. mag. of nat. hist.*, IIe vol., p. 11,
pl. XIV, fig. 10, 11, 12.

Coquille de forme variable, subcirculaire, rarement déprimée, souvent transversalement ovale, très-inéquivalve. Surface à peu près lisse. Grande valve aplatie, renflée vers son bord frontal. Petite valve operculiforme, égalant les deux tiers de la grande valve qui, à partir de là, se continue en un biseau épais. Ligne cardinale droite, à peu près de la grandeur de la coquille. Aréa assez grande, triangulaire, sur la grande valve seulement. Deltidium assez grand, triangulaire. Crochet marginal. Adhérence occupant la grande valve tout entière.

INTÉRIEUR.

Grande valve.

Une côte médiane, d'abord étroite, part du crochet, s'élargit ensuite et disparaît vers le biseau (1); sous le crochet, deux petites empreintes musculaires de chaque côté de la côte médiane.

Petite valve.

Très-mince. Système apophysaire simple, formé d'une seule côte médiane, longitudinale, mince, naissant du bord frontal. Barre transversale droite, passant probablement au-dessus de la cavité viscérale (2). Une surface plane, quelquefois légèrement granulée, circonscrite par un biseau très-étroit, est partagé en deux par la côte médiane.

Obs. Cette coquille, connue depuis quelque temps, semble, quoiqu'espèce bien distincte, former un passage entre la *Th. leptænoides* et la *Th. Mayalıs;*

(1) Ce biseau se développe et s'épaissit avec l'âge; dans la coquille jeune il est peu apparent. On voit, pl. XII, fig. 15, un jeune individu dans lequel le biseau est presque nul.

(2) Dans aucun de mes individus, je n'ai pu constater la présence du prolongement en forme de pont de la barre transversale; mais ce prolongement existe sans doute dans les individus bien conservés. Peut-être aussi trouverait-on dans quelques individus les appendices de la côte médiane formant avec la barre transversale un espace triangulaire vide.

la forme du biseau et de l'aréa de la grande valve rappelle bien ceux de la *Th. Mayalis;* mais l'appareil apophysaire est si ressemblant à celui de la *Th. leptœnoides* qu'on éprouve quelque difficulté à distinguer les petites valves de ces deux espèces; cependant celle de la *Th. leptœnoides* est plus robuste, et avec un peu d'habitude, on évite de les confondre. La *Th. Bouchardii,* assez abondante dans le lias supérieur de Fontaine-Etoupefour, est plus rare à May. On la trouve souvent adhérente sur les spirifers, les térébratules et les huîtres. L'individu figuré pl. XII, fig. 19, 19 *a*, avait été recueilli depuis long-temps par M. Tesson, adhérant sur un magnifique exemplaire du *Spirifer Tessonii.* M. Moore a rencontré cette forme en Angleterre, et c'est d'après des échantillons d'Ilminster que M. Davidson a d'abord décrit cette coquille.

Pl. XII, fig. 15, *Th. Bouchardii,* jeune, n'ayant pas encore formé son biseau de la grande valve. Grandeur naturelle.
— fig. 15 (*a, b, c*), la même grossie.
— fig. 16, petite valve très-jeune, grandeur naturelle.
— fig. 16 (*a*), la même grossie.
— fig. 17, 17 (*a*), petite valve déformée.
— fig. 18, 18 (*a*), grande valve de forme très-transversale, trouvée à May, adhérant sur le grès silurien.
— fig. 19, 19 (*a*), individu type, adhérant sur le *Spirifer Tessonii.*

THECIDEA MAYALIS *(Eug. Desl.)*

Pl. XII, fig. 1, 2, 3, 4, 5, 6, 7, 8, 9, 10, 11, 12. Pl. XIII, fig. 1, 2, 3, 4, 5, 6, 7, 8.

(1) Longueur 7 millimètres, largeur 11 millimètres.

Testa semicirculari, latiori quàm longiori, subrugosa. Valvis valdè imparibus. Majori valva expansa; minori operculiformi. Area varia, lata, subtriangulari, duplici, in majori valva ferè tota. Deltidio triangulari. Apice marginali. Majori valva sœpiùs ferè tota affixa.
Valva minori crassa, intùs planiuscula, sœpiùs leviter granulata,

(1) D'autres individus que je n'ai pas complets, mais représentés seulement par la petite valve, présentent des dimensions qui devaient être bien plus considérables. Longueur environ 11 millimètres, largeur 14 millimètres.

fulcro ciliorum simplici, plurimo, longitrorsùm partita, sæpiùs quadripartita aut sexpartitā, rariùs multipartita.

Coquille demi-circulaire, plus large que longue, un peu rugueuse, très-inéquivalve. Grande valve convexe, quelquefois aplatie, renflée vers son bord frontal. Petite valve operculiforme, plate ou légèrement concave ou convexe, égalant les deux tiers de la grande valve qui, à partir de là, se continue en un biseau épais. Ligne cardinale droite, à peu près de la grandeur de la coquille. Aréa double, variable, quelquefois très-grande, triangulaire, s'étendant beaucoup plus sur la grande valve que sur la petite. Deltidium assez grand, triangulaire. Crochet marginal. Adhérence variable, occupant le plus souvent les deux tiers de la grande valve.

INTÉRIEUR.

Grande valve.

Un certain nombre de côtes saillantes, séparées par de petites dépressions, reproduisent la forme et le nombre des côtes de l'appareil apophysaire de la petite valve; ces côtes s'arrêtent vers le biseau qui, peu sensible et granulé dans le jeune âge, s'épaissit et devient lisse avec l'accroissement de la coquille.

Petite valve.

Epaisse. Système apophysaire simple, formé d'un nombre variable de côtes longitudinales assez épaisses, souvent arrondies, quelquefois denticulées ou creusées en gouttière; côte médiane presque toujours plus longue que les autres, quelquefois bifide ou trifide; toutes ces côtes naissant du bord frontal qui forme un biseau lisse ou granulé. Barre transversale droite, passant au-dessus de la cavité viscérale, souvent réunie à la côte médiane par deux petits appendices formant un espace triangulaire vide. Surface interne quelquefois lisse, souvent granulée, interrompue par le biseau et les côtes de l'appareil apophysaire.

Obs. Cette remarquable espèce est une des plus grandes du genre. Elle a quelque ressemblance avec la *Th. digitata* de la craie de Maestricht, que j'ai figurée pl. XII, fig. 14, 14 *(a, b)*, pour qu'on puisse juger des rapports et des différences de ces deux espèces. La *Th. digitata* possède un appareil apophysaire double; il y a en outre, au-dessus de la barre transversale, deux petites cavités qui n'existent point dans notre *Th. Mayalis*, dont l'appareil apophysaire est simple. Il suffit, au reste, de comparer attentivement ces deux coquilles pour voir combien elles sont différentes, quoique la ressemblance paraisse d'abord assez grande, si l'on se borne à un examen superficiel.

La *Th. Mayalis* a des rapports plus directs avec la *Th. Bouchardii*, rapports que j'ai énoncés à l'article de cette dernière espèce. La petite carrière de May étant la seule qui ait jusqu'ici fourni des échantillons de la *Th. Mayalis*, j'ai saisi l'occasion de donner à cette coquille le nom d'une localité qui nous a procuré un si grand nombre d'espèces intéressantes.

VARIÉTÉS.

Cette espèce offre un grand nombre de variétés dans le nombre et la forme des côtes de l'appareil apophysaire; je citerai les principales.

Première variété, deux digitations. Pl. XIII, fig. 1 et 2. Cette variété, dont je ne connais que la petite valve, est très-rare, je n'en possède qu'un seul échantillon.

Deuxième variété, trois digitations. Assez commune. Pl. XII, fig. 1, 2, 2 (*a*, *b*, *c*), 5, 5 (*a*). L'individu représenté fig. 2 est jeune, l'adhérence est peu étendue, le biseau peu épais et granulé. La petite valve présente la barre transversale complète avec les deux apendices de la côte médiane en forme d'Y. L'individu fig. 5 (*a*) fait, pour ainsi dire, exception dans son espèce en ce que la barre transversale s'infléchit de chaque côté de l'apophyse cardinale.

Troisième variété, cinq digitations. Cette variété, la plus commune de toutes, pl. XII, fig. 6, 6 (*a*, *b*, *c*, *d*, *e*, *f*), est remarquable en ce que les deux digitations externes sont presque rudimentaires ; l'aréa offre en outre un accroissement considérable. Pl. XII, fig. 7, 7 (*a*, *b*, *c*, *d*), coquille adulte à biseau lisse, épais, digitations bien marquées. Ces deux individus possédaient aussi la barre transversale complète. Pl. XIII, fig. 7 et 8, individu très-adulte où toutes les digitations rencontrent la barre transversale.

Quatrième variété, six et sept digitations. Très-rare. Pl. XII, fig. 9 et 9 (*a*), individu remarquable en ce que la côte centrale est plus petite que les autres, la digitation externe gauche est presque rudimentaire. Pl. XII, fig. 10 et 10 (*a*), individu à sept digitations dont les deux externes sont presque rudimentaires; ces deux variétés sont plus allongées transversalement que les autres.

Cinquième variété, huit digitations. Très-rare. Pl. XII, fig. 12 et 12 (*a*, *b*), bel échantillon dont la côte centrale est bifide et qui présente des denticulations à chaque digitation; la barre transversale est droite. Pl. XII, fig. 11 et 11 (*a*, *b*), magnifique échantillon à côte centrale trifide, à digitations denticulées, et à barre transversale offrant des appendices qui probablement rencontraient les côtes de l'appareil apophysaire. Cette variété est l'une de celle qui atteint les plus grandes dimensions.

Sixième variété, onze digitations. Très-rare. Pl. XII, fig. 8 et 8 (*a*, *b*), échantillon de très-grande taille, dont la côte centrale est la plus longue; barre transversale très-incomplète. C'est cette variété qui m'a offert le plus grand échantillon de la *Th. Mayalis*.

NOTA. Je n'ai pas encore rencontré les grandes valves de ces trois dernières variétés.

THECIDEA SUBMAYALIS (*Eug. Desl.*).

Pl. XII, fig. 13. Pl. XIII, fig. 3, 4.

Longueur 8 millimètres, largeur, id.

Majori valva ignota. Minori subcirculari, tenui, concava, sublævi. Area lineari, testam subæquante.

Intùs subconvexa; fulcro ciliorum plurimo, costis tenuissimis, ad costam mediam versis, multipartita.

Grande valve inconnue. Petite valve, mince, subcirculaire, concave, presque lisse. Aréa linéaire, un peu moins large que la coquille.

INTÉRIEUR.

Grande valve. Inconnu.

Petite valve.

Subconvexe. Système apophysaire simple, formé d'un nombre variable de côtes longitudinales, minces, infléchies vers la côte médiane; toutes ces côtes naissant du bord frontal qui forme un biseau granulé. Barre transversale incomplète. Surface interne, lisse, interrompue par le biseau et les côtes de l'appareil apophysaire.

Obs. Cette jolie espèce n'est peut-être qu'une variété de la *Th. Mayalis*; cependant elle se distingue facilement de cette dernière par son test mince, et la forme concave de la petite valve qui est la seule connue; de plus les côtes de l'appareil apophysaire sont très-minces et infléchies vers la côte centrale. Elle offre du reste des variétés comme la *Th. Mayalis*. Je n'ai encore rencontré de cette espèce que cinq ou six échantillons; deux à May d'une assez grande dimension; les autres, beaucoup plus petits, sont de Fontaine-Etoupefour.

VARIÉTÉS.

Première variété, trois digitations. Pl. XIII, fig. 3 et 4; l'individu figuré est petit, presque plane. Côte centrale mince, les deux latérales plus minces et infléchies vers celle-ci; barre transversale infléchie vers l'apophyse cardinale.

Deuxième variété, sept et huit digitations. Pl. XII, fig. 13, 13 (*a*, *b*), l'individu figuré est le plus grand que je connaisse, il est très-concave extérieurement; côte centrale assez large, les latérales très-minces et infléchies vers celle-ci; barre transversale trop incomplète pour qu'on puisse juger de sa direction.

THECIDEA KONINCKII *(Eug. Desl.)*.

Pl. XIII, fig. 18 et 19.

Longueur 5 millimètres, largeur 3 1/2.

Testa cordiformi, depressa, longiori quàm latiori, sublævi. Majori valva plana, ad circuitum reflexa. Minori plana. Cardine recto, testam haud æquante. Area in majori tantùm valva sistente, triangulari, producta. Deltidio sublineari. Apice marginali. Majori valva penè tota extrinsecùs affixa.

Valva minori crassa, intùs minimis granulis ornata, fulcro ciliorum unico, triangulari, expanso, longitrorsùm bipartita.

Coquille cordiforme; plus longue que large, presque lisse. Grande valve plane, relevée presqu'à angle droit vers son pourtour. Charnière droite, bien plus petite que la largeur de la coquille. Aréa triangulaire, allongée, n'occupant que la grande valve. Deltidium presque linéaire. Crochet marginal. Adhérence occupant la presque totalité de la grande valve.

INTÉRIEUR.

Grande valve. Inconnu.
Petite valve.

Épaisse, aplatie. Système apophysaire simple, formé d'une seule côte longitudinale légèrement creusée en gouttière, triangulaire. Biseau lisse. Barre transversale presqu'entièrement formée de l'appendice en forme de pont. Surface interne à peine granulée, interrompue par le biseau et l'appareil apophysaire.

Obs. Cette espèce se distingue au premier coup-d'œil de toutes les autres par sa forme extérieure aplatie et cordiforme; l'intérieur de la petite valve présente des rapports avec quelques variétés de la *Th. rustica*; mais on pourra toujours la distinguer par sa forme générale et son épaisseur. Elle est assez rare à May où j'ai trouvé seulement cinq ou six échantillons : je la dédie au savant paléontologiste, M. de Koninck à qui la science est redevable de tant de beaux travaux sur les fossiles carbonifères de la Belgique.

J'ai figuré, très-grossie, pl. XIII, fig. 19 et 19 *a*, une forme bizarre que je donne avec? comme une variété de la *Th. Koninckii*; la surface interne de la coquille, au lieu d'être granulée, présente une surface unie, interrompue par une série de lamelles peu marquées et de différentes grandeurs, qui partent de la cavité viscérale, et dont les internes sont très-courtes, tandis que les externes, très-longues, contournent le biseau et la côte apophysaire, et viennent se réunir vers le bord frontal; cette variété, qui est très-rare, n'a encore été rencontrée que deux fois; elle provient de la même localité que son espèce type.

Pl. XIII, fig. 11 *Th. Koninckii*, grandeur naturelle.
— fig. 11 (*a , b , c*), la même grossie six fois.
— fig. 12. Variété? grandeur naturelle.
— fig. 12 (*a*), la même grossie douze fois.

THECIDEA RUSTICA *(Moore)*.

Pl. XIII, fig., 12, 13, 14 15, 16, 17, 18, 20.

Longueur 5 millimètres 1/2, largeur 4 millimètres.

Testa subquadrata, subdepressa, sæpius longiori quàm latiori, sublœvi. Majori valva convexa; minori subconcava. Cardine recto, ferè testam æquante. *Area, in majori tantùm valva sistente, et deltidio parùm notatis. Apice marginali. Majori valva partim extrinsecùs affixa.*

Valva minori subtenui, intùs planiuscula ; fulcro ciliorum unico expanso, sæpiùs spatiformi, interdùm triangulari, longitrorsùm bipartita.

Thecidea rustica Dav. 1851. A mon. of Brit. foss. brach. (Pal. Soc.), p. 15, pl. XIV, jurassic species, part. 1.

Coquille subquadrangulaire, déprimée, presque toujours plus longue que large, presque lisse. Grande valve convexe. Petite valve peu concave. Charnière droite, presque de la largeur de la coquille. Aréa n'occupant que la grande valve, peu marquée. Deltidium mal défini. Crochet marginal. Adhérence occupant une grande partie de la grande valve.

INTÉRIEUR.

Grande valve.

(1) ? Une côte médiane très-marquée vers le crochet s'élargit et disparaît vers le bord frontal; sur les parties latérales, la surface interne de la coquille montre trois bandes concentriques marquées de granulations assez fortes.

Petite valve.

Peu épaisse. Appareil apophysaire simple, formé d'une seule côte longitudinale évasée, bordée d'un petit bourrelet tantôt lisse, tantôt denticulé; cette côte, le plus souvent spatuliforme, plus ou moins dilatée, est quelquefois triangulaire. Barre transversale infléchie de chaque côté de l'apophyse cardinale (2). Biseau lisse ou granulé. Surface lisse.

Obs. Cette espèce qui acquiert dans nos localités une taille assez grande, est beaucoup plus petite en Angleterre ; M. Moore en a trouvé dans le lias d'Ilminster un grand nombre dont la grandeur n'excédait jamais 1 ou 2 millimètres; tous ses échantillons se rapportent à la variété figurée pl. XIII,

---

(1) Je marque d'un ? la description de l'intérieur de la grande valve, parce que je ne suis pas bien sûr que ce soit une *Th. rustica* dont j'ai figuré l'intérieur, pl. XIII, fig. 20, n'ayant jamais pu ouvrir d'exemplaires de cette coquille.

(2) Dans aucun de mes exemplaires de la *Th. rustica* je n'ai remarqué que la barre transversale fût droite, je crois que, dans cette espèce, la barre en forme de pont n'existe jamais.

fig. 14, variété dans laquelle la côte constituant l'appareil apophysaire a une forme triangulaire, j'ai pu me convaincre par les échantillons envoyés par M. Moore, que les spécimens anglais et ceux de May, dont l'appareil est triangulaire, sont parfaitement identiques; j'ai, du reste, tous les intermédiaires entre la forme triangulaire et la forme évasée figurée pl. XIII, fig. 16 (*a*). J'ai donné un assez grand nombre de dessins des variétés de cette espèce pour qu'on puisse juger des passages d'une forme à l'autre. La variété la plus commune est celle que j'ai représentée pl. XIII, fig. 13 (*a*); les autres sont rares.

Pl. XIII, fig. 12, *Thecidea rustica*, grandeur naturelle.
— fig. 13, 13 (*a*, *b*, *c*), la même grossie.
— fig. 14, petite valve grossie, à côte peu évasée.
— fig. 15, id. grossie, à côte triangulaire (de May).
— fig. 15, *a* id. grossie, à côte assez évasée.
— fig. 16, id. grandeur naturelle, à côte très-évasée.
— fig. 16, *a* la même grossie.
— fig. 17, petite valve grossie, dont la côte est denticulée.
— fig. 18, id. grossie, à côte évasée.
— fig. 20, grande valve? grossie.

NOTA. *Toutes ces figures sont représentées avec le même grossissement.*

THECIDEA MOOREI (Dav.)

Pl. XIII, fig. 9 et 10 et Pl. XI, fig. 10.

Longueur 4 millimètres, largeur 4 millimètres.

Testa subquadrangulari, valdè depressa, œquè longa ac lata, sublævi. Majori valva expansa. Minori ferè plana. Area modica, lata, subtriangulari, in majori tantùm valva sistente. Deltidio triangulari. Apice marginali. Majori valva ferè tota affixa.

Valva minori crassa, intùs duobus granulosis clivis subrotundis ornata; fulcro ciliorum simplici, unico, triangulari, bipartita.

Thecidea Moorei Dav. 1851. *A mon. of Brit. foss. brach.* — (*Pal. soc.*) *jurassic species*, p. 15, pl. I, fig. 10.

Coquille subquadrangulaire, très-déprimée, aussi longue que large, presque lisse. Grande valve aplatie, relevée à angle droit vers son bord frontal. Petite valve presque plane. Aréa longue, assez étroite, triangulaire, sur la grande valve seulement. Deltidium triangulaire. Crochet marginal. Adhérence occupant la presque totalité de la grande valve.

INTÉRIEUR.

Grande valve.

Une côte médiane trifide vers le crochet, s'élargit et disparaît vers le bord frontal ; de chaque côté une dépression bien marquée est limitée par le bord frontal épaissi, marqué de lignes entrecroisées.

Petite valve.

Très-épaisse. Système apophysaire simple, formé d'une seule côte longitudinale, plate, triangulaire. Barre transversale droite, prolongée en forme de pont au-dessus de la cavité viscérale. Biseau lisse ou granulé. Surface interne ornée de deux grosses saillies ovalaires granulées placées de chaque côté de l'appareil apophysaire.

Obs. Cette espèce est assez rare dans nos localités, elle a quelque ressemblance avec la *Th. Perieri* ; mais la forme de l'aréa de ces deux espèces est trop différente pour qu'on puisse les confondre : l'appareil interne de la petite valve se rapproche beaucoup de celui de la *Th. sinuata.*

Pl. XI, fig. 10, *Thecidea Moorei*, grandeur naturelle.
— fig. 10, *a* la même grossie.
Pl. XIII, fig. 9, la même grandeur naturelle, variété cordiforme.
— fig. 9, *a* la même grossie.
— fig. 10, espèce type, grandeur naturelle.
— fig. 10 (*a, b, c, d*), la même grossie.

THECIDEA SINUATA *(Eug. Desl.)*.

Pl. XIII, fig. 21, 22, 23, 24 et 25.

Longueur 10 millimètres, largeur 6 millimètres.

Testa vario aspectu, longiori quàm latiori, sublævi. Majori valva convexa, plus minusve sinuata. Minori plana, interdùm leviter sinuata. Cardine recto, parvulo. Area et deltidio vix notatis. Apice inconspicuo. Majori valva vario modo, sœpiùs paululùm affixa.

Valva minori crassa, intùs duobus, granulosis, longitudinalibus clivis ornata; fulcro ciliorum simplici, unico, triangulari, patulo bipartita.

Coquille de forme variable, deux fois aussi longue que large, presque lisse. Grande valve convexe avec un sinus médian plus ou moins marqué. Petite valve presque plane, quelquefois marquée d'un léger sinus médian. Charnière droite, très-petite. Aréa, deltidium et crochet à peine marqués. Adhérence variable, souvent très-peu étendue, n'occupant jamais plus du tiers de la grande valve.

INTÉRIEUR.

Grande valve.
Lisse. Une côte longitudinale médiane, quelquefois bifide vers le crochet, s'élargit et disparaît vers le bord frontal; deux proéminences longitudinales peu marquées occupent les côtés.

Petite valve.
Très-épaisse. Système apophysaire simple, formé d'une seule côte longitudinale légèrement creusée en gouttière, triangulaire ou oblongue. Barre transversale droite, passant au-dessus de la cavité viscérale. Biseau de forme très-variable, presque toujours très-grand et coupé presqu'à angle droit sur les côtés, peu marqué vers le bord frontal. Surface interne ornée de deux grosses saillies allongées et fortement granulées, situées de chaque côté de l'appareil apophysaire.

Obs. Cette belle espèce est très-distincte. Ses deux grosses saillies la font reconnaître sur-le-champ, quoiqu'elle présente un grand nombre de variétés dans sa forme générale, et surtout dans celle du biseau et de la côte médiane; on peut juger des variétés que présente le biseau par les trois coupes figurées pl. XIII, fig. 22 *b.* biseau médiocre, fig. 23 (*e*, *f*), biseau déjà plus grand marqué F, enfin fig. 25 *b.* biseau extrêmement développé et complètement perpendiculaire. Les autres lettres des fig. 23, *e* et 23 *f* représentent: D apophyse cardinale, C cavité viscérale, E fossettes où s'articulent les dents de la grande valve, P appendice en forme de pont de la barre transversale, B saillies ovalaires situées de chaque côté de l'appareil apophysaire marqué A.

La *Th. sinuata* est celle qu'on rencontre le plus fréquemment dans le lias de nos environs; je l'ai trouvée à May, à Fontaine-Etoupefour et même à Croisilles; mais elle est surtout fort abondante dans la première de ces localités.

Je regrette beaucoup que la planche ait été terminée avant d'avoir pu y introduire une variété très-remarquable, dont mon père vient de trouver deux échantillons.

Cette variété a la forme générale de l'individu figuré pl. XIII, fig. 23 *b*, dont elle diffère en ce que les deux saillies ovalaires sont réunies en une seule, avec absence complète de la côte constituant l'appareil apophysaire; l'un des échantillons présente l'appendice en forme de pont de la barre transversale; les granulations des saillies ovalaires sont extrêmement marquées; enfin il n'existe aucune dépression au milieu de la coquille; tous ces caractères prouvent que l'absence de la côte apophysaire n'est point le résultat d'une fracture. Cette variété est très-extraordinaire, et je n'ai jamais vu rien de pareil dans les autres espèces; sur plusieurs centaines d'échantillons de Thécidées qui me sont passées par les mains, quelque fussent d'ailleurs leurs variations de taille, de forme, d'âge, etc., aucun ne manquait de la côte médiane. Les deux spécimens, d'ailleurs réguliers, dont il est question, seraient-ils des monstruosités par confluence ? Cela est possible; mais en vérité c'était assez des nombreuses variétés de formes que présentent les Thécidées, ou des difformités dépendantes des corps sur lesquels elles se fixent, sans qu'il vînt encore s'y ajouter des monstruosités !

Pl. XIII, fig. 21, *Th. sinuata*, grande valve, grandeur naturelle.
— fig. 21 (*a*, *b*), la même grossie.
— fig. 22 et 23, individus types, grandeur naturelle.
— fig. 22 (*a*, *b*, *c*, *d*) et 23 (*a*, *b*, *c*, *d*, *e*, *f*), les mêmes grossis.
— fig. 24, le plus grand individu connu, grandeur naturelle.
— fig. 25, individu très-étroit, à biseau extrêmement développé, grandeur naturelle.
— fig. 25 (*a*, *b*), le même grossi.

THÉCIDÉES A APPAREIL DOUBLE.

THECIDEA DESLONGCHAMPSII (*Dav.*).

Pl. XIII, fig. 26.

Longueur 6 millimètres 1/2, largeur 5 millimètres.

Testa ovali-oblonga, longiori quàm latiori, sublœvi. Majori valva convexa minori; plana, sœpius subconvexa. Cardine recto, testam penè œquante.

Area subquadrata, Deltidio prominulo. Apice inconspicuo. Majori valva propè apicem arctè affixa.

Fulcro ciliorum duplici : ascendenti costa unica, stricta, longitudinali; descendenti, duobus colliculis lateralibus, granulatis, brevibus, vix incurvatis sistente.

Thecidea Deslongchampsii Dav. 1852. *Annals and mag. of nat. hist.*, april 1852, p. 10, pl. XIII, fig. 6, 7, 8, 9.

Coquille longitudinalement ovale, plus longue que large, presque lisse. Grande valve convexe. Petite valve plane, souvent légèrement convexe. Charnière droite, un peu moins grande que la coquille. Aréa subquadrangulaire. Deltidium petit, saillant. Crochet mal défini. Adhérence occupant une faible partie de la grande valve, vers le crochet.

INTÉRIEUR.

Grande valve.

Lisse. Une côte médiane, partant du crochet, s'élargit vers le bord frontal; deux dépressions ovalaires situées de chaque côté.

Petite valve.

Assez épaisse. Système apophysaire double : appareil ascendant formé d'une seule côte étroite, longitudinale, naissant du bord frontal : appareil descendant très-peu développé, représenté seulement par deux proéminences granuleuses peu étendues, légèrement infléchies, situées sur les parties latérales de la coquille. Biseau granulé. Barre transversale passant au-dessus de la cavité viscérale.

Obs. Cette espèce, que M. Davidson a bien voulu dédier à mon père, est assez abondante dans la portion du lias supérieur de May que j'ai marquée en B et dont elle semble caractéristique, n'ayant jusqu'ici été trouvée nulle part ailleurs; elle offre, du reste, peu de variétés, et, par cela même, est facile à distinguer des autres espèces.

Pl. XIII, fig. 26, portion de tige d'encrine où sont adhérentes trois *Th. Deslongchampsii*, grandeur naturelle.

— fig. 26 (*a, b, c, d*), *Th. Deslongchampsii*, grossie.

THECIDEA BUVIGNIERII (*Eug. Desl.*).

Pl. XIII, fig. 27.

Longueur 3 millimètres, largeur 4 millimètres.

Majori valva ignota. Minori subquadrangulari, latiori quàm longiori, paululùm convexa, sublævi. Area nulla. Cardine recto, testam propè æquante.

Fulcro ciliorum duplici : ascendenti, costa unica, stricta, longitudinali; descendenti, duobus colliculis lateralibus, granulatis, crassis, maximè incurvatis sistente.

Grande valve inconnue. Petite valve épaisse, subquadrangulaire, plus large que longue, presque lisse. Aréa nulle. Ligne cardinale droite, à peu près de la largeur de la coquille.

INTÉRIEUR.

Grande valve. Inconnu.

Petite valve.

Épaisse. Système apophysaire double. Appareil ascendant formé d'une seule côte étroite, longitudinale, naissant du bord frontal. Appareil descendant assez étendu, formé de deux fortes proéminences granuleuses latérales, figurant un demi-cercle de chaque côté de l'appareil ascendant. Biseau granulé. Barre transversale passant probablement au-dessus de la cavité viscérale.

Obs. Cette espèce se trouve dans la même localité et le même banc que la précédente, ainsi que dans les deux bancs marqués C et D ; elle est plus commune que la précédente avec laquelle on pourrait la confondre; mais la *Th. Buvignierii* est toujours bien plus petite, plus large, et les deux proéminences granuleuses de l'appareil descendant sont plus fortes, plus infléchies et occupent un espace bien plus grand.

Pl. XIII, fig. 27, *Thecidea Buvignierii*, grandeur naturelle.
— fig. 27 (*a*), la même grossie.

THECIDEA TRIANGULARIS (d'Orb.)

Pl. XIII, fig. 28 et 29.

Longueur 3 millimètres, largeur 2 millimètres 1/2.

Testa longiori quàm latiori, sæpiùs subtriangulari aut cordiformi, sublævi. Majori valva convexa. Minori subconvexa. Cardine recto, testam non æquante. Area in majori tantùm valva, triangulari. Deltidio inconspicuo. Apice marginali. Majori valva partim extrinsecùs affixa.

Fulcro ciliorum duplici : ascendenti unica, media, triangulari, longitudinali costa; descendenti ex duobus costis bifariàm granulatis plùs minùsve productis, sistente.

Thecidea triangularis d'Orb. (1). Prodrôme, vol. I, p. 316 (1849).
— — Dav. Brit. foss. Brach., part. 3, p. 14, pl. I, fig. 11, 12 (1851).
— — Dav. Annals and mag. of nat. hist., april 1852, p. 12, pl. XIV, fig. 13.

Coquille plus longue que large, triangulaire ou cordiforme, à peu près lisse. Grande valve très-convexe. Petite valve un peu convexe. Charnière droite, plus petite que la largeur de la coquille. Aréa triangulaire, n'existant que sur la grande valve. Deltidium peu marqué. Crochet marginal. Adhérence occupant une assez grande partie de la surface externe de la grande valve.

INTÉRIEUR.

Grande valve.

Une côte médiane, longitudinale, assez marquée part du crochet, s'élargit ensuite et vient se perdre vers la moitié de la coquille ; sur les

(1) Je pense que l'espèce décrite ici est bien celle que M. d'Orbigny a indiquée dans son prodrôme sous le nom de *Th. triangularis*, car il donne pour habitat de cette espèce la localité de St.-Aubin-de-Langrune, où ma coquille est très-abondante et où elle existe seule, tandis qu'à Ranville on trouve, outre cette espèce, une autre coquille, *Th. de Francii*, qui, par la forme extérieure, se rapproche beaucoup de la *Th. triangularis*, mais qui s'en éloigne beaucoup par la forme de l'intérieur de la grande valve.

côtés deux dépressions ovalaires circonscrites par un large rebord et la côte médiane.

Petite valve.

Assez épaisse. Système apophysaire double. Appareil ascendant formé d'une seule côte triangulaire très-épaisse, longitudinale, naissant du bord frontal. Appareil descendant représenté par deux cordons subcirculaires formées d'une double rangée de granulations, ces deux cordons variant beaucoup en grandeur.

Obs. Cette espèce présente des variétés dans la forme de l'appareil descendant; tantôt il est représenté seulement par cinq ou six granulations placées de chaque côté de l'appareil ascendant; tantôt par une double rangée de granulations disposées circulairement et sur deux rangs, enfin la disposition la plus fréquente est celle que j'ai figurée pl. XIII, fig. 29 *b*.

La *Th. triangularis* est très-abondante dans la grande oolite; je ne l'ai encore observée qu'à Ranville et à St.-Aubin-de-Langrune, où on en trouve de magnifiques échantillons adhérant sur de gros spongiaires morts en place, dans une partie de la falaise que M. d'Orbigny a indiquée dans son cours de paléontologie stratigraphique. Je n'ai pas trouvé cette espèce dans le lias; j'ai quelques échantillons d'une Thécidée adhérente sur des Ammonites de l'oolite inférieure des Moutiers, que je crois être une espèce différente de la *Th. triangularis*; mais souvent des Thécidées, d'ailleurs très-différentes, se ressemblent tellement, si on ne considère que la forme extérieure, qu'il faut absolument avoir l'intérieur de la coquille pour décider la question.

Pl. XIII, fig. 28 et 28 *(a)*, *Th. triangularis* de différentes tailles, grandeur naturelle.

— fig. 29 et 29 *(a, b, c)*, la même grossie.

THECIDEA DE FRANCII *(Eug. Desl.).*

Pl. XIII, fig. 30.

Longueur 1 millimètre 1/2, largeur id.

Testa triangulari, paululùm longiori quàm latiori, depressa, sublævi. Majori valva expansa, plana, ad frontem porrectâ. Minori ferè plana. Cardine recto, parvulo. Area in majori tantùm valva, triangulari.

Deltidio inconspicuo. Apice marginali. Majori valva ferè tota extrinsecùs affixa.

Majori valva intùs ad frontem quinque tenuissimis costis, longitudinalibus notata.

Coquille triangulaire, un peu plus longue que large, déprimée, presque lisse. Grande valve aplatie, relevée vers son bord frontal. Petite valve presque plane. Charnière droite, beaucoup plus petite que la largeur de la coquille. Aréa sur la grande valve seulement, triangulaire. Deltidium mal défini. Crochet marginal. Adhérence occupant la presque totalité de la surface extérieure de la grande valve.

INTÉRIEUR.

Grande valve.

Presque plane. Vers le bord frontal cinq petites côtes longitudinales très-peu étendues dont la plus longue est la médiane, disposées symétriquement.

> *Obs.* Cette espèce, que j'ai rencontrée trois ou quatre fois dans la grande oolite (caillasse) de Ranville, se distingue de l'espèce précédente par sa très-petite taille, par l'adhérence qui occupe une surface bien plus grande, et, enfin, par les petites côtes longitudinales du bord frontal qui n'existent pas dans la *Th. triangularis*; et si, comme je l'ai observé dans plusieurs Thécidées, les impressions de la grande valve correspondent à des dispositions analogues sur la petite valve, la *Th. de Francii* devra être bien différente de toutes celles qu'on a observées jusqu'ici dans les terrains jurassiques.

La dernière feuille de ce mémoire n'était pas encore imprimée, lorsqu'une course faite à Curcy, en compagnie de M. Périer, vient de me fournir une Leptœna nouvelle pour le Calvados, mais déjà rencontrée en Angleterre; cette forme est la *Leptœna Moorei* (Dav.). Après avoir employé toute une journée en recherches infructueuses, nous allions quitter les carrières, lorsque M. Périer fut assez heureux pour trouver, dans une sorte de sable lavé par la pluie, de beaux échantillons de la

Leptœna Moorei. Nous avons cherché environ deux heures dans ce sable et nous avons trouvé, outre l'espèce précitée, les *Leptœna liasiana* et *Bouchardii,* les *Terebratula Deslongchampsii,* et *pygmœa,* ainsi qu'une autre espèce nouvelle pour le Calvados, la *Terebratula globulina.* Il est donc certain que nos terrains, malgré les nombreux genres et espèces de mollusques qu'ils ont déjà fournis, sont loin d'être épuisés, et qu'en mettant dans la recherche de la persévérance, ils fourniront encore à la science paléontologique de nombreux sujets d'étude.

PLANCHE XI.

Fig.
1   LEPTOENA DAVIDSONII *(Eug. Desl.)*, individus de différents âges du lias supérieur de May. Grandeur naturelle.
2, 2 (a. b. c. d. e.) »   »   les mêmes grossis.
3   LEPTOENA LIASIANA *(Bouch. 1847)*, lias supérieur de May. Grandeur naturelle.
3 (a. b. c. d. e.) »   »   la même grossie.
4   »   »   individu anglais du lias supérieur d'Ilminster, grossi.
5   LEPTOENA BOUCHARDII *(Dav. 1847)*, lias supérieur de May. Grandeur naturelle.
5 (a. b. c.) »   »   la même grossie.
5 (d.) »   »   intérieur de la grande valve, d'après un individu anglais du lias supérieur d'Ilminster, grossie.
6   LEPTOENA ??? VARIOLATA *(Eug. Desl.)*, lias supérieur de Fontaine-Etoupefour. Grandeur naturelle.
6 (a. b. c.) »   »   la même grossie.
7   THECIDEA PERIERII *(Eug. Desl.)*, lias supérieur de Fontaine Etoupefour. Grandeur naturelle.
8, 8 (a. b.) »   »   la même grossie.
8 (c.) »   »   portion très-grossie du test.
9   THECIDEA LEPTOENOÏDOES *(Eug. Desl.)*, lias supérieur de May. Grandeur naturelle.
9 (a. b. c. d. e. f.) »   »   la même grossie.
10   THECIDEA MOOREI *(Dav. 1851)*, petite valve, lias supérieur de May. Grandeur naturelle.
10 (a.) »   »   la même grossie.

Mémoires de la Soc.^{té} linn.^{ne} de Norm.^{ie} Tome IX. Pl. XI

PLANCHE XII.

Fig.
1   THECIDEA MAYALIS *(Eug. Desl.)*, individu type à trois digitations du lias supérieur de May. Grandeur naturelle.
2, 2 (a. b. c.) » » le même grossi.
3 » » appareil interne, situé dans le crochet de la grande valve.
4 » » coupe.
5 » » variété à trois digitations, à barre infléchie vers l'apophyse cardinale. Lias supérieur de May. Grandeur naturelle.
5 (a.) » » la même grossie.
6 » » variété à cinq digitations, dont les latérales sont rudimentaires. Lias supérieur de May. Grandeur naturelle.
6 (a. b. c. d. e. f.) » » la même grossie.
7 » » individu type à cinq digitations. Lias supérieur de May. Grandeur naturelle.
8 » » individu à onze digitations. Lias supérieur de May. Grandeur naturelle.
8 (a. b.) » » le même grossi.
9, 10 » » individus à six et sept digitations. Lias supérieur de May. Grandeur naturelle.
9 (a.), 10 (a.) » » les mêmes grossis.
11 » » magnifique individu à huit digitations. Lias supérieur de May. Grandeur naturelle.
11 (a. b.) » » le même grossi.
12 » » individu à huit digitations. Lias supérieur de May. Grandeur naturelle.
12 (a. b.) » » le même grossi.
13   THECIDEA SUBMAYALIS *(Eug. Desl.)*. Lias supérieur de May. Grandeur naturelle.
13 (a. b.) » » la même grossie.
14   THECIDEA DIGITATA de la craie de Maëstrich. Grandeur naturelle.
14 (a. b.) » » la même grossie.
15, 16, 17   THECIDEA BOUCHARDII *(Dav. 1851)*. Lias supérieur de Fontaine-Etoupefour. Grandeur naturelle.
18, 18 (a.) » » individu adhérent sur le grès silurien de May. Grandeur naturelle.
19 » » individu type adhérent sur un spirifer Tessonii de Fontaine-Etoupefour.

PLANCHE XIII.

Fig.
1, 2 — Thecidea Mayalis (*Eug. Desl.*), individu à deux digitations. Lias supérieur de May.
5, 6 — » » individu à trois digitations, avec une aréa très-prononcée. Lias supérieur de May.
7, 8 — » » individu à cinq digitations rencontrant toutes la barre transversale. Lias supérieur de May.
3, 4 — Thecidea Submayalis (*Eug. Desl.*), individu à trois digitations. Lias supérieur de Fontaine-Etoupefour.
9, 9(a.) — Thecidea Moorei (*Dav.* 1851), variété cordiforme. Lias supérieur de May.
10, 10(a. b. c. d.) » » individu type. Lias supérieur de May.
11 — Thecidea Koninckii (*Eug. Desl.*). Lias supérieur de May. Grandeur naturelle.
11 (a. b. c.) » » la même grossie.
19, 19(a.) » » variété? très-remarquable. Lias supérieur de May.
12 — Thecidea rustica (*Moore* 1851). Lias supérieur de May. Grandeur naturelle.
13, 13(a. b. c.) » » la même grossie.
14, 15, 16, 17, 18 » » différentes variétés du lias supérieur de May.
20 » » intérieur de la grande valve? Même localité.
21, 21(a. b.) — Thecidea sinuata (*Eug. Desl.*), grande valve. Lias supérieur de May.
22, 22(a. b. c. d.) » » variété très-sinuée. Même localité.
23, 23(a. b. c. d. e. f.) » » individu type. Même localité.
24 » » le plus grand individu connu. Lias supérieur de May. Grandeur naturelle.
25, 25(a. b.) » » variété très-étroite. Même localité.
26 — Thecidea Deslongchampsii (*Dav.* 1852), individu adhérent sur une portion d'encrinite. Lias supérieur de May. Grandeur naturelle.
26 (a. b. c. d.) » » individu grossi. Même localité.
27 — Thecidea Buvignierii (*Eug. Desl.*). Lias supérieur de May. Grandeur naturelle.
27 (a.) » » la même grossie.
28, 28 (a.) — Thecidea triangularis (*D'Orb.* 1847). Grande oolite. St.-Aubin de Langrune. Grandeur naturelle.
29, 29 (a. b. c.) » » la même grossie.
30 — Thecidea De Franchi (*Eug. Desl.*). Grande oolite de Ranville. Grandeur naturelle.
30 (a. b.) » » la même grossie.

Mémoires de la Soc.^{té} linn.^{ne} de Norm.^{die}, Tome IX. Pl. XIII.

Eug. Deslongchamps lith.   Lith: Mercier. Caen.

www.ingramcontent.com/pod-product-compliance
Lightning Source LLC
Chambersburg PA
CBHW070705050426
42451CB00008B/499